छैंया-छैंया

छैंया-छैंया

गुलज़ार

राधाकृष्ण प्रकाशन

ISBN : 978-81-7119-777-4

छैंया-छैंया (गीत–संग्रह)

संकलन : रामलखन मिश्र
संयोजन : यशवंत व्यास

पहला संस्करण : 2002
तीसरा संस्करण : 2022

मूल्य : ₹395

प्रकाशक
राधाकृष्ण प्रकाशन प्राइवेट लिमिटेड
जी-17, जगतपुरी, दिल्ली-110 051

शाखाएँ : अशोक राजपथ, साइंस कॉलेज के सामने, पटना-800 006
पहली मंजिल, दरबारी बिल्डिंग, महात्मा गांधी मार्ग, प्रयागराज-211 001
36 ए, शेक्सपियर सरणी, कोलकाता-700 017

वेबसाइट : www.radhakrishnaprakashan.com
ई-मेल : info@radhakrishnaprakashan.com

मुद्रक
बी.के. ऑफसेट
नवीन शाहदरा, दिल्ली-110 032

CHHAINYA-CHHAINYA
by Gulzar

रोज़गार के सौदों में जब भाव-ताव करता हूँ
गानों की क़ीमत माँगता हूँ—
सब नज़्में आँख चुराती हैं
और करवट लेकर शे'र मिरे
मुँह ढाँप लिया करते हैं सब
वो शरमिंदा होते हैं मुझसे
मैं उनसे लजाता हूँ।
बिकनेवाली चीज़ नहीं पर
सोना भी तुलता है तोले-माशों में
और हीरे भी 'कैरेट' से तोले जाते हैं।
मैं तो उन लम्हों की क़ीमत माँग रहा था
जो मैं अपनी उम्र उधेड़ के, साँसें तोड़ के देता हूँ
नज़्में क्यों नाराज़ होती हैं ?

—गुलज़ार

दो शब्द

दिल, जिगर, जिस्म, जान और न जाने कितने ऐसे शब्द हैं जिनके बिना हिंदी सिनेमा का काम नहीं चलता। इनका कविताओं, नज़्मों, ग़ज़लों, गीतों में अनगिनत बार प्रयोग हुआ है। 'भेजा' एक ऐसी चीज़ है जिससे इनकी दुश्मनी दिखती है। हिंदी सिनेमा की मुख्य धारा वैसे भी भेजे का प्रयोग कम करती है और चाहती है कि उसके दर्शक तो कतई न करें। लेकिन गुलज़ार ने यह जोख़िम लिया है—उनके एक गीत में भेजा है। शब्दों के अर्थ संदर्भ के साथ बदलते भी हैं और उनका वजन कम-ज्यादा भी होता है। पर शब्दों के साथ खेलना और भाषा को चमत्कार की तरह इस्तेमाल करना सधे हुए हाथों में ही संभव है। गुलज़ार ऐसी ही सधी क़लम वाले लेखक हैं। गुलज़ार को लोग फ़िल्मों से ज़्यादा जानते हैं। वे अगर फ़िल्मों में न होते तो भी साहित्य की महत्त्वपूर्ण शख्सियत होते। हाँ, फिल्में उन्हें सिचुएशन देती हैं। गुलज़ार ने अपनी नज़्मों में अमूर्त को रूप दिया है, आवाज़ को रोशनी दी है और आँखों को सुना है, कविता के बिंबों और ध्वनियों को नए आयाम दिए हैं। उनकी कविता में ही यह संभव है कि कमर के बल पर नदी मुड़ती है और रस्ते सुस्त कदम होते हैं। हिंदी, उर्दू, पंजाबी और अंग्रेज़ी के फ़ासले सिमट जाते हैं और कभी हाथ भर के फ़ासले के लिए उम्र भर चलना पड़ता है।

बात शुरू हुई थी दिल, जिगर, जिस्म और जान से। मुझे याद नहीं कि इन बहुप्रयुक्त शब्दों के साथ 'भेजे' शब्द का प्रयोग किसी गीत में कभी हुआ हो। वैसे भी इस पर विवाद हो सकता है कि भेजा किसका पर्याय है—दिमाग़ का, विवेक का, मेधा का, बुद्धि का या फिर किसका ? जो भी हो गुलज़ार के एक गीत की पंक्ति मेरे भेजे में गूँजती है—'भेजा शोर करता है, भेजे की सुनेगा तो मरेगा कल्लू।' यानी दर्शन शुद्ध है पर भाषा टपोरी है। यह गीत में असंभव सा है और इसको संभव करना सबके बस की बात नहीं। शब्द एक अपार ऊर्जा से भरा अस्त्र है और इससे आप क्या करते हैं, यह आप पर निर्भर है। आप चाहें तो शब्दों की असीम दुनिया में ज़मीन से चाँद तक कुछ भी समेट सकते हैं, भाषा की कौंध में छोटे-छोटे बिम्बों के माध्यम से बौद्धिक विराटता से साक्षात्कार करा सकते हैं। शब्दों की ऐसी ही जादूगरी गुलज़ार की नज़्मों में, उनके गीतों में, उनकी त्रिवेणियों में मुग्ध करती है। उनके यहाँ संज्ञा क्रिया हो जाती है और क्रिया संज्ञा और इस अनोखे ताने-बाने से सर पर इश्क की छाँव हो जाती है। कभी आदमी ख़ाली रिक्शे-सा सड़कों पर घूमता है और कभी आत्मीयता की गरमाहट हाथों में धूप मलने लगती है। अद्‌भुत विशेषण और विलक्षण बिम्ब ! यहीं गुलज़ार सबसे अलग दीखते हैं।

ज़िन्दगी के अनगिन आयामों की तरह उनकी कविता में एक ही उपादान, एक ही बिम्ब कहीं उदासी का प्रतीक होता है और कहीं उल्लास का। गुलज़ार की कविता

बिम्बों की इन तहों को खोलती है। कभी भिखारिन रात चाँद कटोरा लिये आती है और कभी शाम को चाँद का चिराग़ जलता है; कभी चाँद की तरह टपकी ज़िन्दगी होती है और कभी रातों में चाँदनी उगाई जाती है। कभी फुटपाथ से चाँद रात-भर रोटी नजर आता है और कभी ख़ाली कासे में रात चाँद की कौड़ी डाल जाती है। शायद चाँद को भी नहीं पता होगा कि ज़मीन पर एक गुलज़ार नाम का शख़्स है, जो उसे इतनी तरह से देखता है। कभी डोरियों से बाँध-बाँध के चाँद तोड़ता है और कभी चौक से चाँद पर किसी का नाम लिखता है, कभी उसे गोरा-चिट्टा-सा चाँद का पलंग नजर आता है जहाँ कोई मुग्ध होकर सो सकता है और कभी कोई चाँद से कूदकर डूबने की कोशिश करता है। गुलज़ार के गीतों में ये अद्भुत प्रयोग बार-बार दीखते हैं और हर बार आकर्षित करते हैं। कभी आँखों से खुलते हैं सबेरों के उफ़ुक़ और कभी आँखों से बन्द होती है सीप की रात; और यदि नींद नहीं आती तो फिर होता है आँखों में करवट लेना। कभी उनकी ख़ामोशी का हासिल एक लम्बी ख़ामोशी होता है और कभी दिन में शाम के अंदाज होते हैं या फिर जब कोई हँसता नहीं तो मौसम फीके लगते हैं। ये गुलज़ार का मौलिक अंदाज है। वे कहते हैं कि दिल है तो दर्द होगा और तभी उन्हें अहसास होता है कि दर्द है तो दिल भी होगा। यही तो दिल की मीठी मुश्किल है। फ़िल्मों के चरित्र गौण हो जाते हैं, गीत की सिचुएशन पीछे रह जाती है और शायर बहुत आगे निकल जाता है और कहीं दूर ढूँढ़ रहा होता है—हम भूल गए हैं रख के कहीं वो चीज जिसे दिल कहते थे। कभी ख़ामोशी इतनी प्रगल्भ हो उठती है कि शायर अपनी तन्हाई को उकसाता है बोलने के लिए और कभी सब कुछ इतना यथावत् होता है कि लगता है कि बूढ़े पहाड़ों पर कुछ भी तो नहीं बदला। जब गुलज़ार की कविता में आँखें चाँद की ओर दिल से मुख़ातिब होती हैं तो लगता है इस शायर का ज़मीन से कोई वास्ता नहीं। पर यथार्थ की ज़मीन पर गुलज़ार का वक्त रुकता नहीं कहीं टिककर (क्योंकि) इसकी आदत भी आदमी-सी है, या फिर घिसते-घिसटते फट जाते हैं जूते जैसे लोग बिचारे। शायर ज़िन्दगी के फ़लसफ़े को मुक़म्मल देखना चाहता है और आगाह करता है कि वक़्त की शाख से लम्हे नहीं तोड़ा करते; या फिर वक़्त की विडंबना पर हँसता है कि वो उम्र कम कर रहा था मेरी, मैं साल अपने बढ़ा रहा था। कभी वह ख़्वाबों की दुनिया में सोए रहना चाहता है क्योंकि उसे लगता है कि जाग जाएगा ख़्वाब तो मर जाएगा और कभी वह बिल्कुल चौकन्ना हो जाता है क्योंकि उसे पता है कि समय बराबर कर देता है समय के हाथ में आरी है, वक्त से पंजा मत लेना वक्त का पंजा भारी है। पर फिर भी उम्मीद इतनी कि उसने तिनके उठाए हुए हैं परों पर।

ज़ाहिर है, गुलज़ार की कविताओं की संरचना कभी इकहरी नहीं होती क्योंकि उनका कवि बुनता है तिनकों के घरौंदे, जोड़ता है शीशे के नशेमन और तराशता है पत्थर की हवेली।

कविता की दुनिया के इस अनन्य अदीब का नाम है—गुलज़ार और उनके गीतों के साथ चलना पाँव के नीचे जन्नत होना है।

—विनोद खेतान

क्रम

छैया-छैया

1 बूढ़े पहाड़ों पर

मुझको इतने से काम पे रख लो...

जब भी सीने पे झूलता लॉकेट
उल्टा हो जाए तो मैं हाथों से
सीधा करता रहूँ उसको

मुझको इतने से काम पे रख लो...

जब भी आवेज़ा उलझे बालों में
मुस्कुराके बस इतना सा कह दो
आह चुभता है ये अलग कर दो

मुझको इतने से काम पे रख लो...

जब ग़रारे में पाँव फँस जाए
या दुपट्टा किवाड़ में अटके
एक नज़र देख लो तो काफ़ी है

मुझको इतने से काम पे रख लो...

2 बूढ़े पहाड़ों पर

तेरी आँखें तेरी ठहरी हुई ग़मगीन-सी आँखें
तेरी आँखों से ही तख़लीक़ हुई है सच्ची
तेरी आँखों से ही तख़लीक़ हुई है हे हयात

तेरी आँखों से ही खुलते हैं, सवेरों के उफ़ूक़
तेरी आँखों से बन्द होती है ये सीप की रात
तेरी आँखें हैं या सजदे में है मासूम नमाज़ी
तेरी आँखें...

पलकें खुलती हैं तो, यूँ गूँज के उठती है नज़र
जैसे मन्दिर से जरस की चले नमनाक सदा
और झुकती हैं तो बस जैसे अज़ाँ ख़त्म हुई हो
तेरी आँखें तेरी ठहरी हुई ग़मगीन-सी आँखें...

3 बूढ़े पहाड़ों पर

कितनी सदियों से ढूँढ़ती होंगी
तुमको ये चाँदनी की आवाज़ें

पूर्णमासी की रात जंगल में
नीले शीशम के पेड़ के नीचे
बैठकर तुम कभी सुनो जानम
भीगी-भीगी उदास आवाज़ें
नाम लेकर पुकारती है तुम्हें
पूर्णमासी की रात जंगल में...

पूर्णमासी की रात जंगल में
चाँद जब झील में उतरता है
गुनगुनाती हुई हवा जानम
पत्ते-पत्ते के कान में जाकर
नाम ले ले के पूछती है तुम्हें

पूर्णमासी की रात जंगल में
तुमको ये चाँदनी आवाज़ें
कितनी सदियों से ढूँढ़ती होंगी

4 बूढ़े पहाड़ों पर

इन बूढ़े पहाड़ों पर, कुछ भी तो नहीं बदला

सदियों से गिरी बर्फ़ें
और उनपे बरसती हैं
हर साल नई बर्फ़ें
इन बूढ़े पहाड़ों पर...

घर लगते हैं क़ब्रों से
ख़ामोश सफ़ेदी में
कुतबे से दरख़्तों के

ना आब था ना—दानें
अलग़ोज़ा की वादी में
भेड़ों की गईं जानें

संवाद : कुछ वक़्त नहीं गुज़रा नानी ने बताया था
सरसब्ज़ ढलानों पर बसती गड़रियों की
और भेड़ों की रेवड़ थे

गाना : ऊँचे कोहसारों के
गिरते हुए दामन में
जंगल हैं चनारों के
सब लाल से रहते हैं
जब धूप चमकती है
कुछ और दहकते हैं
हर साल चनारों में

इक आग के लगने से
मरते हैं हज़ारों में !
इन बूढ़े पहाड़ों पर...

संवाद : चुपचाप अँधेरे में अक्सर उस जंगल में
इक भेड़िया आता था
ले जाता था रेवड़ से
इक भेड़ उठा कर वो
और सुबह को जंगल में
बस खाल पड़ी मिलती।

गाना : हर साल उमड़ता है
दरिया पे बारिश में
इक दौरा सा पड़ता है
सब तोड़ के गिराता है
संगलाख़ चट्टानों से
जा सर टकराता है

तारीख़ का कहना है
रहना चट्टानों को
दरियाओं को बहना है
अब की तुग़यानी में
कुछ डूब गए गाँव
कुछ बह गए पानी में
चढ़ती रही कुर्बानें
अलग़ोज़ा की वादी में
भेड़ों की गई जानें

संवाद : फिर सारे गड़रियों ने
उस भेड़िए को ढूँढ़ा
और मार के लौट आए
उस रात इक जश्न हुआ

अब सुबह को जंगल में
दो और मिली खालें

गाना : नानी की अगर माने
तो भेड़िया ज़िन्दा है
जाएँगी अभी जानें
इन बूढ़े पहाड़ों पर कुछ भी तो नहीं बदला...

5 बूढ़े पहाड़ों पर

न जाने क्या था, जो कहना था
आज मिल के तुझे
तुझे मिला था मगर, जाने क्या कहा मैंने

वो एक बात जो सोची थी तुझसे कह दूँगा
तुझे मिला तो लगा, वो भी कह चुका हूँ कभी
जाने क्या, ना जाने क्या था
जो कहना था आज मिल के तुझे

कुछ ऐसी बातें जो तुझसे कही नहीं हैं मगर
कुछ ऐसा लगता है तुझसे कभी कही होंगी

तेरे ख़याल से ग़ाफ़िल नहीं हूँ तेरी क़सम
तेरे ख़यालों में कुछ भूल-भूल जाता हूँ
जाने क्या, ना जाने क्या था जो कहना था
आज मिल के तुझे जाने क्या...

6 बूढ़े पहाड़ों पर

यार जुलाहे, यार जुलाहे
मुझको भी तरकीब सिखा कोई
यार जुलाहे, यार जुलाहे...

अक्सर तुझको देखा है कि ताना बुनते
जब कोई तागा टूट गया तो
और सिरा कोई जोड़ के उसमें
आगे बुनने लगते हो
तेरे इस ताने में लेकिन
इक भी गाँठ, गिरह बुनतर की
देख नहीं सकता है कोई
यार जुलाहे, यार जुलाहे...

मैंने तो इक बार बुना था
एक ही रिश्ता
लेकिन उसकी सारी गिरहें
साफ़ नज़र आती हैं मेरे यार जुलाहे
यार जुलाहे, यार जुलाहे...

7 बूढ़े पहाड़ों पर

कल की रात गिरी थी शबनम
हौले-हौले कलियों के बन्द होंठों पर
बरसी थी शबनम
कल की रात...

फूलों के रुख़सारों से रुख़सार मिलाकर
नीली रात की चुनरी के साये में शबनम
परियों के अफ़सानों के पर खोल रही थी
कल की रात गिरी थी शबनम...

दिल की मद्धम-मद्धम हलचल में
दो रुहें तैर रही थीं
जैसे अपने नाज़ुक पंखों पर
आकाश को तोल रही हों
कल की रात गिरी थी शबनम...

कल की रात बड़ी उजली थी
कल की रात तेरे संग गुज़री
कल की रात गिरी थी शबनम...

8 बूढ़े पहाड़ों पर

बैरागी बादल बैरागी बादल
बैरागी बादल आए
आये रे बादल आए...

आते हैं जैसे आर्य आए
गर्जाते घोड़े, रथ दौड़ाते
बिजली के बरछे चमकाते
आए रे बादल आए...
बैरागी बादल, बैरागी, बैरागी बादल आए...

बंजारों जैसे ख़ेमे उठाए
पानी की मश्के कान्धों पे लाए
बोरियाँ-भर दाने बरसाए
आए रे आए...
बैरागी बादल, बैरागी, बैरागी बादल आए...

9 बूढ़े पहाड़ों पर

ख़्वाब टूटे न कोई, जाग ना जाए देखो
जाग जाएगा कोई ख़्वाब तो मर जाएगा
ख़्वाब टूटे न कोई...

देखो आहिस्ता चलो
और भी आहिस्ता ज़रा
काँच के ख़्वाब हैं बिखरे हुए तन्हाई में
ख़्वाब टूटे न कोई, जाग ना जाए देखो

देखना सोच सँभलकर ज़रा पाँव रखना
ज़ोर से बज न उठे, पैरों की आवाज़ कहीं
ख़्वाब टूटे न कोई, जाग ना जाए देखो
जाग जाएगा कोई ख़्वाब तो मर जाएगा...

10 वादा

दिल का रसिया और कहाँ होगा
इश्क की आग का धुआँ जहाँ होगा

पीड़ा पाले ग़म सहलाए
कैसे-कैसे जी बहलाए
बावरा है, भला मना कहाँ होगा...

रूखे-सूखे तिनके रखना
फूँकना और चिनगारियाँ चखना
भोगी है, जोगी ये, चैन कहाँ होगा...

11 वादा

डूब रहे हो और बहते हो
दरिया किनारे क्यों रहते हो

याद आते हैं वादे जिनके
तेज़ हवा में सूखे तिनके
उनकी बातें क्यों कहते हो
डूब रहे हो...

बात करें तो रुख़सारों में
दो चकराते भँवर पड़ते हैं
मझधारों में क्यों रहते हो
डूब रहे हो...

12 वादा

सारा जहाँ चुपचाप है, आहटें ना-साज़ हैं
क्यों हवा ठहरी हुई है, आप क्या नाराज़ हैं

फीके लगते हैं ये मौसम
आप जब हँसते नहीं
दिन गुज़र जाता है लेकिन
लम्हे कुछ कटते नहीं
कुछ तो कहिए दिन में क्यों ये शाम के अन्दाज़ हैं
सारा जहाँ...

बोलिए कुछ बोलिए ना
ख़ामोशी के लब खुलें
दोस्ती के ऐसे मौसम
फिर न जाने कब खुले
रूठ जाना दोस्ती में दोस्त के अन्दाज़ हैं
सारा जहाँ...

13 वादा

संवाद : रात में जब भी मेरी आँख खुले
कुछ ज़रा दूर
टहलने के लिए
नंगे पाँव ही निकल जाता हूँ
आकाश उतर के
कहकशाँ छू के निकलती है जो एक पगडंडी

अपने पिछवाड़े के सन्तूरी सितारे की तरफ़
दूधिया तारों पर पैर रखता
चलता रहता हूँ यही सोच के मैं
कोई सय्यारा अगर जागता मिल जाए कहीं
इक पड़ोसी की तरह पास बुला के शायद
और कहे
आज की रात यहीं रुक जाओ
तुम ज़मीं पर हो अकेले
मैं यहाँ तन्हा हूँ

गीत : रोज़े अव्वल ही से आवारा हूँ आवारा रहूँगा
चाँद-तारों से गुज़रता हुआ बंजारा रहूँगा

संवाद : चाँद पे रुकना, आगे ख़ला है
'मार्ज़' से पहले ठंडी फ़िज़ा है
एक जलता हुआ, चलता हुआ सय्यारा रहूँगा
चाँद-तारों से...

संवाद : उल्काओं से बच के निकलना
'कॉमेट' हो तो पंख पकड़ना

गीत : उल्काओं से बच के निकलना
कॉमेट हो पंख पकड़ना
नूरी रफ़्तार से कायनात से मैं गुज़रा करूँगा
चाँद-तारों से गुज़रता हुआ...
आवारा रहूँगा आवारा रहूँगा...

14 वादा

ऐसा कोई ज़िन्दगी से वादा तो नहीं था
तेरे बिना जीने का इरादा तो नहीं था

तेरे लिए रातों में चाँदनी उगाई थी
क्यारियों में ख़ुशबू की रोशनी लगाई थी
जाने कहाँ टूटी है डोर मेरे ख़्वाब की
ख़्वाब से जागेंगे सोचा तो नहीं था

शामियाने शामों के रोज़ ही सजाए थे
कितनी उम्मीदों के मेहमान बुलाए थे
आ के दरवाज़े से लौट गए हो
यूँ भी कोई आएगा, सोचा तो नहीं था...

15 वादा

आँखों में सावन छलका हुआ है
आँसू है कोई अटका हुआ है

आँखों की हिचकी रुकती नहीं है
रोने से कब दिल हलका हुआ है

सीने में टूटी है चीज़ कोई
ख़ामोश-सा एक खटका हुआ है

चारों तरफ़ तू, बस तू ही तू है
मुझसे ज़्यादा भटका हुआ है

16 वादा

चोरी-चोरी की वो झाँकियाँ
झूठी छींके, झूठी खाँसियाँ

देख के सबको तुझ पे नज़र जाती थी
शाम तेरी गली में गुज़र जाती थी

देखना भी नहीं और वहीं देखना
कोई कंकर उठाकर कहीं फेंकना
तेरी खिड़की का पर्दा खिसकता हुआ
साँस रुक जाती थी, आँख भर जाती थी
शाम तेरी गली में...

पानवाले से बेवज़ह की यारियाँ
और यारों से छुपने की दुश्वारियाँ
डाकिए से कभी कोई ख़त पूछना
लिख के काग़ज़ पे कुछ भी, ग़लत पूछना
आँख से कह दिया कुछ तो डर जाती थी
शाम तेरी गली में...

17 वादा

हर बात पे हैराँ है मूरख है ये नादाँ है
मैं दिल से परेशाँ हूँ दिल मुझसे परेशाँ है

हर इक हसीन चीज़ को छूने की उमंग है
मैं आग कहूँ कहता है, ये शहद का रंग है
मैं कह के परेशाँ हूँ ये सुन के परेशाँ है
हर बात पे...

है जिस्म हसीं लेकिन, पोशाक ये तंग है
क्यों बाँध के रखा है ये उड़ने की पतंग है
मैं इसपे मेहरबाँ हूँ, ये मुझपे मेहरबाँ है
हर बात पे...

हर बात पे हैराँ है, मूरख है ये नादाँ है...

18 वादा

ये सुबह साँस लेगी और बादबाँ खुलेगा
पलकें उठाओ जानम ये आसमाँ खुलेगा

आँखों के नीचे थोड़ा सा काजल ढलक गया है
पलकें उठाओ ख़्वाब का आँचल अटक गया है
पलकों से बाँधा सपना, जाने कहाँ खुलेगा
ये सुबह...

आँखों से नींद खोलो, दरिया रुके हुए हैं
और परबतों पे कब से बादल झुके हुए हैं
ये रात बन्द हो तो दिन का समाँ खुलेगा

ये सुबह...

19 हू-तू-तू

छई छप छई, छपाके छई
पानियों पे छींटे उड़ाती हुई लड़की
देखी है हमने आती हुई लहरों पे, जाती हुई लड़की
हे छई छप छई, छपाके छई

कभी-कभी बातें तेरी अच्छी लगती हैं
फिर से कहना, आती हुई लहरों पे जाती हुई लड़की

ढूँढ़ा करेंगे तुम्हें साहिलों पे हम
रेत पे ये पैरों की मोहरें न छोड़ना
सारा दिन लेटे-लेटे सोचेगा समन्दर
आते-जाते लोगों से पूछेगा समन्दर
साहेब रुकिए ज़रा
अरे देखी किसी ने, आती हुई लहरों पे जाती हुई लड़की

छई छपा छई, छपाके छई
कभी-कभी बातें तेरी अच्छी लगती हैं
छई छप छई, छपाके छई

डोल डोलतय वारयावर बाय माझे
डोल डोलतय वारयावर
पुनवेचा चाँद बांदराला आलाय

डोल डोलतय वारयावर बाय माझे

लिखते रहे हैं तुम्हें रोज़ ही मगर
ख़ाहिशों के ख़त कभी भेजे ही नहीं...
ऐनक लगा के कभी पढ़ना वो चिट्ठियाँ
आँखों के पानी में रखना वो चिट्ठियाँ
तैरती नज़र आएगी...जनाब
ग़ोते खाती, आती हुई लहरों पे जाती हुई लड़की...

छई छपा छई, छपाके छई
पानियों पे छींटे उड़ाती हुई लड़की
देखी है हमने आती हुई लहरों पे जाती हुई लड़की...
छई छप छई, छपाके छई
कभी-कभी बातें तेरी अच्छी लगती हैं
हे छई छप छई छपाके छई
आती हुई लहरों पे जाती हुई लड़की...

20 हू-तू-तू

इतना लम्बा कश लो यारो
इतना लम्बा कश लो यारो दम निकल जाए
ज़िन्दगी सुलगाओ यारो ग़म निकल जाए
यारोऽऽयारो

दिल में कुछ जलता है शायद, धुआँ-धुआँ-सा लगता है
आँख में कुछ चुभता है शायद, सपना कोई सुलगता है
दिल फूँकों और इतना फूँकों, दर्द पिघल जाए
ज़िन्दगी सुलगाओ यारो ग़म निकल जाए
यारोऽऽयारो

तेरे साथ गुज़ारी रातें गर्म-गर्म-सी लगती हैं
सब रातें रेशम की नहीं, पर नरम-नरम-सी लगती हैं
रात ज़रा करवट बदले तो बल निकल जाए
यारोऽऽयारो...
इतना लम्बा कश लो यारो दम निकल जाए
ज़िन्दगी सुलगाओ यारो दम निकल जाए
यारोऽऽयारो...

21 हू-तू-तू

घपला है भई
घपला है...हो
घपला है, घपला है, घपला है जी घपला
ह अग बाई घपला है, घपला है जी घपला

छोड़ गजापत पकड़ पूँछ का, घपला है
साधु-सन्त की दाढ़ी-मूँछ का, घपला है
आटे में घपला, बाटे में घपला...या
घपला है...

आटे में घपला जी बाटे में घपला
जी रे जी रे...
रेल में घपला जी तेल में घपला
जी रे जी रे...
आटे में घपला जी बाटे में घपला
रेल में घपला जी तेल में घपला
एल.आई.सी. में बैंक में घपला
जीप में घपला, टैंक में घपला
जी रे...जी रे...
फ़ौज़ों के बूटों से लेकर बन्दूकों में, घपला है
तीन करोड़ के नोट-भरे इन सन्दूकों में, घपला है
अरे हे...
पौडर, फौडर, भाई दमोदर, घपला है
भाई भतीजा, पर्मिट आर्डर, घपला है

काले में घपला, हवाले में घपला...है
जी रे जी रे...

हूँ दुकानें बेचीं तो बिक गए साथ गवर्नर
गाय-भैंस का चारा खा गए यार मिनिस्टर
अदल-बदल, दल बदल-बदलकर लड़ते हैं
हू तू तू तू, हू तू तू तू...
अरे हाथ कहीं और पाँव कहीं पर पड़ते हैं
हू तू तू तू...
अदल-बदल, दल बदल-बदलकर लड़ते हैं
अरे हाथ कहीं और पाँव कहीं पर पड़ते हैं
अरे हे हे...
डॉलर-वोलर, भाई दमोदर, घपला है
सारा सोच के देख सरासर, घपला है
अर्ज़ी में घपला, मर्ज़ी में घपला
अई ग...

घपला है घपला है...
हे अग बाई घपला है, घपला है, जी घपला
घपला है भई घपला है भई घपला है भई
देवा रे ए...ओ...ओ
लोग बेचारे तिन तिन तारे
तिन तिन तारे लोग बेचारे
तिल-तिल मरनेवाले, तिल-तिल तरने वाले
कीड़ों और मकोड़ों जैसे, लोग बेचारे...
तिन तिन तारे...
तिन तिन तारे हे हे...

घिसते घिसटते फट जाते हैं
जूतों जैसे लोग बेचारे
पैरों में पहने जाते हैं, जलसे और जुलूसों में
संगीनों से सिले सिपाही, वर्दी के मलबूसों में

गोली से जो फट जाते हैं
चीथड़ों जैसे फेंक दिए जाते हैं सारे...
तिन तिन तारे...
तिन तिन तारे लोग बेचारे
तिन तिन तारे...

22 हू-तू-तू

बन्दोबस्त है, ज़बरदस्त है
ख़ून की ख़ुशबू...बड़ी बदमस्त है
हमारा हुक्मरां अरे कमबख़्त है
बन्दोबस्त, ज़बरदस्त है
बन्दोबस्त है, बन्दोबस्त है

समय बराबर कर देता है समय के हाथ में आरी है
वक़्त से पंजा मत लेना, वक़्त का पंजा भारी है
सींग हवा के
ना पकड़ो
आँधी है ये
ना पकड़ो
जड़ों के टाँके कट जाएँगे
काल-कुल्हाड़ी ना पकड़ो
काल की, अरे काल की लाठी बड़ी ही सख़्त है
बन्दोबस्त है
हमारा हुक्मरां अरे कमबख़्त है
हे हे हे

जो मिट्टी में उगते हैं उनको दफ़ना के क्या होगा
जो नंगे तन जीते हैं उनको कफ़ना के क्या होगा
दफ़न करो ना भट्टी में
जड़ें हैं अपनी मट्टी में
भट्टी में दिल बोए हैं

हम उगते हैं मट्टी में
कोख की, अरे कोख की मुट्ठी बड़ी ही सख़्त है
बन्दोबस्त है, ज़बरदस्त है
बन्दोबस्त है...
ख़ून की ख़ुशबू
बड़ी बदमस्त है
हमारा हुक्मरां
अरे कमबख़्त है...

23 हू-तू-तू

जागो जागो जागते रहो, जागो जागो जागते रहो
रातों का हमला है
जागो जागो जागते रहो, जागो जागो जागते रहो
मकड़ी के जाले हैं, अँधेरे पाले हैं, चन्द लोगों ने
जागो जागो जागते रहो...

आग के दाँतों में ईमान फँसे हैं
आग के दाँतों में इनसान फँसे हैं
आग जब भोंकती है
डर लगता है
आदमी छोंकती है
डर लगता है
इनसान की नसलों को, पैरों में रौंदा है, चन्द लोगों ने
जागो जागो जागते रहो...

गिरी गर्दन, सर कटने लगे हैं
लोग बटते ही, ख़ुदा बँटने लगे हैं...
नाम जो पूछे कोई
डर लगता है
किस को पूजे कोई
डर लगता है
किनी बार मुझे सूली पे टाँगा है, चन्द लोगों ने
जागो जागो जागते रहो, जागो जागो जागते रहो
रातों का हमला है
जागो जागो जागते रहो...

24 हु-तू-तू

जय हिन्द हिन्द, जय हिन्द हिन्द, जय हिन्द हिन्द
गुरुमन्त्र मेरा, इतिहास मेरा
तहज़ीब मेरी, विश्वास मेरा
मेरी कर्मभूमि, मेरी जन्मभूमि
ये हिन्द है, हिन्दुस्तान मेरा...
जय हिन्द हिन्द...

ये देश घना बरगद है मेरा
बरगद की घनी छाँव के तले
मेरी फ़ाख़्ता दाना चुगती रहे
मेरे लोकगीत का तोता पले...
मेरी कर्मभूमि, मेरी जन्मभूमि
ये हिन्द है, हिन्दुस्तान मेरा
जय हिन्द...

इस देश की सारी धूप मेरी
इस देश की सारी छाँव मेरी
नदियों का सारा पानी मेरा
हरियाली गाँव-गाँव मेरी
पर भूख मेरी, बीमारी मेरी
जाती नहीं क्यों बेकारी मेरी

जब भी कोई सूरज उगता है
हर बार ग्रहन लग जाता है

आकाश मेरा भर जाए तो
कोई मेघ चुरा ले जाता है

सम्मान मेरा, ये विर्सा मेरा
लौटा दो मुझे, ये हिस्सा मेरा
जय हिन्द...जय हिन्द...
गुरुमन्त्र मेरा, इतिहास मेरा
तहज़ीब मेरी, विश्वास मेरा
मेरी कर्मभूमि, मेरी जन्मभूमि
ये हिन्द है
हिन्दुस्तान मेरा
हिन्दुस्तान मेरा...

25 फ़िज़ा

माही रे, माही माही रे
आ जा माहिया
आ धूप मलूँ मैं तेरे हाथों में
आ सजदा करूँ मैं तेरे हाथों में
सुबह की मेहँदी छलक रही है
आ जा, आ जा माहिया

आहिस्ता पुकारो, सब सुन लेंगे
सब लबों से छू लो, लब सुन लेंगे
आ साँस भी कब से अटक रही है
आ जा माहिया...

इक नूर से आँखें चौंक गईं
देखा जो तुझे आईने में
कोई नूरी किरन होगी वो भी
जो चुभने लगी है सीने में
आ जा माहिमा...

आ धूप मलूँ मैं तेरे हाथों में
आ सजदा करूँ मैं तेरे हाथों में
सुबह की मेहँदी छलक रही है
आ जा...आ जा माहिया...

लाल हो जब ये शाम किनारा
ओढ़ा देना सर पे सारा
आ जा माहिया आ जा...
चल रोक लें सूरज, छुप जाएगा
पानी में गिर के, बुझ जाएगा
आ जा माहिया...

26 फ़िज़ा

फ़िज़ा...फ़िज़ा...फ़िज़ा
तू हवा है फ़िज़ा है ज़मीं की नहीं
तू घटा है तो फिर क्यूँ बरसती नहीं
उड़ती रहती है तू पंछियों की तरह
आ मेरे आशियाने में आ...फ़िज़ा...

मैं हवा हूँ कहीं भी ठहरती नहीं
रुक भी जाऊँ कहीं पर तो रहती नहीं
मैंने तिनके उठाए हुए हैं परों पर
आशियाना नहीं है मेरा...

घने एक पेड़ से मुझे
झोंका कोई ले के आया है
सूखे एक पत्ते की तरह
हवा ने हर तरफ़ उड़ाया है
आ ना आ—इक दफ़ा
इस ज़मीं से उठें
पाँव रखें हवा पर
चल चले हम जहाँ
कोई रास्ता न हो
कोई रहता न हो
कोई बसता न हो

कहते हैं आँखों में
मिलती है ऐसी जगह
फ़िज़ा...फ़िज़ा...फ़िज़ा
मैं हवा हूँ कहीं भी ठहरती नहीं
रुक भी जाऊँ कहीं पर तो रहती नहीं
मैंने तिनके उठाए हुए हैं परों पर
आशियाना नहीं है मेरा

तुम मिले तो क्यों लगा मुझे
ख़ुद से मुलाक़ात हो गई
कुछ भी तो कहा नहीं मगर
ज़िन्दगी से बात हो गई
आ ना आ...
आ ना आ साथ बैठें
ज़रा देर तो
हाथ थामे रहें और कुछ न कहें
छू के देखो तो आँखों की ख़ामोशियाँ
कितनी चुपचाप होती हैं सरगोशियाँ

सुनते हैं आँखों में
होती है ऐसी जगह

फ़िज़ा...फ़िज़ा...फ़िज़ा
तू हवा है फ़िज़ा है ज़मीं की नहीं
तू घटा है तो फिर क्यों बरसती नहीं
उड़ती रहती है तू पंछियों की तरह
आ मेरे आशियाने में आ...

मैं हवा हूँ कहीं भी ठहरती नहीं
रुक भी जाऊँ कहीं पर तो रहती नहीं
मैंने तिनके उठाए हुए हैं परों पर
आशियाना नहीं है मेरा

27 फ़िज़ा

न ले के जाओ, मेरे दोस्त का जनाज़ा है
अभी तो गर्म है मिट्टी, ये ज़िस्म ताज़ा है

उलझ गई है कहीं साँस खोल दो इसकी
लबों पे आई है जो बात पूरी करने दो
अभी उम्मीद भी ज़िन्दा है दर्द ताज़ा है
न लेके जाओ, मेरे दोस्त का जनाज़ा है
अभी तो गर्म है मिट्टी, ये ज़िस्म ताज़ा है

जगाओ इसको गले मिल के अलविदा तो कहूँ
ये कैसी रुख़सती है ये क्या सलीक़ा है
अभी तो सीने का हर एक ज़ख़्म ताज़ा है

न ले के जाओ, मेरे दोस्त का जनाज़ा है
अभी तो गर्म है मिट्टी, ये जिस्म ताज़ा है

28 मरासिम

हाथ छूटे भी तो रिश्ते नहीं छोड़ा करते
वक़्त की शाख़ से लम्हे नहीं तोड़ा करते

जिसकी आवाज़ में सिलवट हो, निगाहों में शिकन
ऐसी तस्वीर के टुकड़े नहीं जोड़ा करते

शहद जीने का मिला करता है थोड़ा-थोड़ा
जाने वालों के लिए दिल नहीं थोड़ा करते

लग के साहिल से जो बहता है, उसे बहने दो
ऐसे दरिया का कभी रुख़ नहीं मोड़ा करते

29 मरासिम

एक पुराना मौसम लौटा, याद भरी पुरवाई भी
ऐसा तो कम ही होता है, वो भी हों, तन्हाई भी

यादों की बौछारों से जब पलकें भीगने लगती हैं
कितनी सौंधी लगती है तब माज़ी की रुसवाई भी

दो-दो शक्लें दिखती हैं इस बहके से आईने में
मेरे साथ चला आया है, आपका इक सौदाई भी

ख़ामोशी का हासिल भी इक लम्बी-सी ख़ामोशी थी
उनकी बात सुनी भी हमने, अपनी बात सुनाई भी

30 मरासिम

आँखों में जल रहा है क्यूँ, बुझता नहीं धुआँ
उठता तो है घटा-सा बरसता नहीं धुआँ

चूल्हे नहीं जलाए, या बसती ही जल गई
कुछ रोज़ हो गए हैं, अब उठता नहीं धुआँ

आँखों के पोंछने से लगा आँच का पता
यूँ चेहरा फेर लेने से छुपता नहीं धुआँ

आँखों से आँसुओं के मरासिम पुराने हैं
महमाँ ये घर में आएँ तो, चुभता नहीं धुआँ

31 मरासिम

वो ख़त के पुरज़े उड़ा रहा था
हवाओं का रुख़ दिखा रहा था

कुछ और भी हो गया नुमायाँ
मैं अपना लिखा मिटा रहा था

उसी का इमाँ बदल गया है
कभी जो मेरा ख़ुदा रहा था

वो एक दिन एक अजनबी को
मेरी कहानी सुना रहा था

वो उम्र कम कर रहा था मेरी
मैं साल अपने बढ़ा रहा था

32 मरासिम

शाम से आँख में नमी सी है
आज फिर आपकी कमी सी है

दफ़न कर दो हमें कि साँस आए
नब्ज़ कुछ देर से थमी सी है

वक़्त रुकता नहीं कहीं टिककर
इसकी आदत भी आदमी सी है

कोई रिश्ता नहीं रहा फिर भी
एक तसलीम लाज़मी सी है

33 मरासिम

ज़िन्दगी यूँ हुई बसर तन्हा
क़ाफ़िला साथ और सफ़र तन्हा

अपने साये से चौंक जाते हैं
उम्र गुज़री है इस क़दर तन्हा

रात-भर बोलते हैं सन्नाटे
रात काटे कोई किधर तन्हा

दिन गुज़रता नहीं है लोगों में
रात होती नहीं बसर तन्हा

हमने दरवाज़े तक तो देखा था
फिर न जाने गए किधर तन्हा

34 मरासिम

एक परवाज़ दिखाई दी है
तेरी आवाज़ सुनाई दी है

जिसकी आँखों में कटी थीं सदियाँ
उसने सदियों की जुदाई दी है

सिर्फ़ इक सफ़हा पलटकर उसने
बीती बातों की सफ़ाई दी है

फिर वहीं लौट के जाना होगा
यार ने कैसी रिहाई दी है

आग में क्या-क्या जला है शब-भर
कितनी ख़ुशरंग दिखाई दी है

35 मरासिम

दिन कुछ ऐसे गुज़ारता है कोई
जैसे एहसाँ उतारता है कोई

आईना देखकर तसल्ली हुई
हमको इस घर में जानता है कोई

पक गया है शजर पे फल शायद
फिर से पत्थर उछालता है कोई

देर से गूँजते हैं सन्नाटे
जैसे हमको पुकारता है कोई

36 सनसेट प्वॉइंट

आ चल डूब के देखें
एक-दो, चाँद से कूदें

आँखों की कश्ती में
रात बिताई जाए
झीलों के पानी पे
नींद बिछाई जाए
चलो न डूबें...
आ चल डूब के देखें
एक-दो, चाँद से कूदें
आऽऽऽ

चल दरिया बाँध लें पैरों से
और सागर संगम जाएँ
चल सनसैट के रंग पहनें तन पे
बुद्धम् शरणम् गाएं
कुछ ऐसा करें जो हुआ नहीं
जो हुआ नहीं वो करें
चलो न उड़ लें !...

37 सनसेट प्वॉइंट

आसमानी रंग है
आसमानी आँखों का
आँखों में उड़ने दो,

आसमाँ से वक़्त का,
परिन्दा जब उड़े तो शाम होती है
शाम होते ही परिन्दे
आशियाँ में लौट आते हैं
आसमानी आँखें हैं...

शाम होती है तो, रस्म है
चाँद का चिराग़ जलता है
चाँद का चिराग़ जब जले
तो पंछी सो जाते हैं
आ...ऽऽऽ

ऊँ हूँ...पंछी रात में,
अकेले सोते डरते हैं
साथ कोई सोए तो
नर्म-नर्म ख़्वाब आते हैं
ख़्वाबों में उड़ने दो...
आसमानी रंग है
आसमानी आँखों का

कलाइयों से खोल दो, ये,
नब्ज़ की तरह धड़कता वक़्त
तंग करता है

कलाइयों पे जब से मैंने
तेरे हाथ पहने हैं
रुक गई है नब्ज़ और
वक़्त उड़ता रहता है

आसमान काटकर
पहन लो जिस्म पर
रुहों को उड़ने दो
आसमानी रंग है
आसमानी आँखों का
आँखों में उड़ने दो

38 सनसेट प्वॉइंट

आरज़ू मेरी, पकड़ के आस्तीं
ले चली कहीं
ये जुनून है, या सुकून है
मैं कहीं नहीं
आरज़ू मेरी, पकड़ के आस्तीं
ले चली कहीं...

सिले हुए लबों पर एक शोर है
पुकारते बदन की बात और है
बदन ये मेरे इख़्तियार में नहीं
आरज़ू मेरी, पकड़ के आस्तीं
ले चली कहीं...

झुलस दो, मुझको रुह से गुज़ार दो
कि छील के मेरा बदन उतार दो
क़रार का सकूँ क़रार में नहीं
आरज़ू मेरी, पकड़ के आस्तीं
ले चली कहीं
ये जुनून है, या सुकून है
मैं कहीं नहीं...

39 सनसेट प्वॉइंट

सोने विच मड़के
मन्तर पढ़के...मन्तर पढ़के
लभ के तवीत ल्यावे नी,
फड़-फड़ गलेच पावे नी,
ते नाले पावे जप्फिआँ
पक्खिआँ वे पक्खिआँ...
प्याज़ कटाँ या चिट्ठी आवे
भर जाण अक्खिआँ
पक्खिआँ वे पक्खिआँ...

लभदा फिरे मुंडा बारीआं दे ओहले
चिट्ठियाँ छुपावाँ ते ओह बग़लाँ टटोले
हौक्याँ-च लुकीआँने
हिक्क विच रक्खिआँ
पक्खिआँ वे पक्खिआँ...
प्याज़ कटाँ या चिट्ठी आवे
भर जाण अक्खिआँ...

सावे सावे पेड़ा पिच्छे कर दी उड़िकाँ
सप्प-सप्प बोल के मारिआँ चीखाँ
खसमाँ नूँ खाणिआँ भैडिआँ सखिआँ
पक्खिआँ वे पक्खिआँ...
प्याज़ कटाँ या चिट्ठी आवे
भर जाण अक्खिआँ
पक्खिआँ वे पक्खिआँ...

40 सनसेट प्वॉइंट

तेरे जाने से तो कुछ बदला नहीं
रात भी आई थी, और चाँद भी था
तेरे जाने से तो कुछ बदला नहीं !

साँस भी वैसे ही चलती है
हमेशा की तरह
आँख वैसे ही झपकती है,
हमेशा की तरह
थोड़ी-सी भीगी हुई रहती है
और कुछ भी नहीं
तेरे जाने से तो कुछ बदला नहीं...

होंठ ख़ुश्क होते हैं और
प्यास भी लगती है
आजकल शाम ही से
सर्द हवा चलती है
बात करने से धुआँ उठता है,
जो दिल का नहीं
तेरे जाने से तो कुछ बदला नहीं
रात भी आई थी
और चाँद भी था
हाँ मगर नींद नहीं, नींद नहीं
तेरे जाने से...

41 सनसेट प्वॉइंट

जल भर दे रे जल, जल भर दे
जल भर दे रे जल, जल भर दे
ये कलसी प्यासी रे
ओ मेघा-वासी रे
जल भर दे रे जल, जल भर दे

जाने कहाँ बरसी है काली बदरी
काली-काली अँखियों की ख़ाली कलसी
कलसी के गले-गले, घन बरसे
जल भर दे रे जल, जल भर दे
ये कलसी प्यासी रे...

दल-दल बन गई सूखी नदिया
रुकी, रुकी भर गई भूखी नदिया
भूरी बदरी को बुलाए नदिया
माटी का बिछौना बिछाए नदिया
सूने-सूने घाट सारे तर कर दे
जल भर दे रे जल, जल भर दे

सूखे-सूखे ताल तलैया
सूनी-सूनी पुलिया रे
ओ जल भर दे रे

पानी बिन तरसे तुम्हारी नदिया

नंगे सर बैठी है बेचारी नदिया
कित्ती-बीत सिर-सिर प्यासी नदिया
बादलों की प्यासी उदासी नदिया
पानी बिन तरसे तुम्हारी नदिया
नंगे सिर बैठी है बेचारी नदिया
नदिया को जल की चादर दे
जल भर दे रे जल, जल भर दे
ये कलसी प्यासी रे
जल भर दे रे जल, जल भर दे
ओ मेघा वासी रे...

42 सनसेट प्वॉइंट

कच्चे रंग उतर जाने दो
मौसम है गुज़र जाने दो

नदी में इतना है पानी
सब धुल जाएगा
मट्टी का ढेला है
ये घुल जाएगा

इतनी-सी मिट्टी है
नदिया को बहना है
नदिया को बहने दो
सारे रंग बिखर जाने दो

कच्चे रंग उतर जाने दो
मौसम है गुज़र जाने दो

शीशम के पत्तों पे पानी
बूँद-बूँद बजता रहता है
बारिश बीत भी जाए तो
देरतलक टपका रहता है

बूँदों से भिगो देना
बारिशों की आदत थी
बारिशों की आदत है

ये बौछार गुज़र जाने दो
कच्चे रंग उतर जाने दो...
मौसम है गुज़र जाने दो

उड़ते हुए सूखे तिनको का
जोड़ना और पिरोना क्या
अन्धे गुलों का शाख़ों पे,
होना और न होना क्या
रंग बदल लेना,
मौसमों की आदत थी
मौसमों की आदत है
शाख़ें ख़ाली कर जाने दो...
कच्चे रंग उतर जाने दो
मौसम है गुज़र जाने दो

43 जहाँ तुम ले चलो

कभी चाँद की तरह टपकी
कभी राह में पड़ी पाई
अठन्नी-सी ज़िन्दगी
ये ज़िन्दगी

कभी छींक की तरह खनकी
कभी जेब से निकल आई
अठन्नी-सी ज़िन्दगी
ये ज़िन्दगी

कभी चेहरे पे जड़ी देखी
कहीं मोड़ पे खड़ी देखी
शीशे के मर्तबानों में
दुकान पे पड़ी देखी
अठन्नी-सी ज़िन्दगी
ये ज़िन्दगी

तमग़े लगा के मिलती है
मासूमियत से खिलती है
कभी फूल हाथ में लेकर
शाख़ों पे बैठी हिलती है
अठन्नी-सी ज़िन्दगी
ये ज़िन्दगी

कभी चाँद की तरह टपकी
कभी राह में पड़ी पाई
कभी छींक की तरह खनकी
कभी जेब से निकल आई
अठन्नी-सी ज़िन्दगी
ये ज़िन्दगी

44 जहाँ तुम ले चलो

शौक़ ख़्वाब का है, और
नींद आए ना
झूठ बोलता है
रोज़-रोज़ आईना

साँस जो सुलगती है
तो आँख जलती है
क्या पता ये दिल की है
या मेरी ग़लती है
किसको मैं मना करूँ
धुआँ उड़ाए ना !
झूठ बोलता है
रोज़-रोज़ आईना

नुक्ताचीं है दिल मेरा
मुझे सुकूँ नहीं
मैं कहूँ कि यूँ है तो
दिल कहे कि यूँ नहीं
जानती हूँ सब मगर
समझ में आए ना !
झूठ बोलता है
रोज़-रोज़ आईना
शौक़ ख़्वाब का है, और
नींद आए ना

45 जहाँ तुम ले चलो

ये कैसी चाप कदमों की सुनाई दे रही है
कोई आया है या कोई उतर के जा रहा है

ये मेरी ज़िन्दगी है ना
मेरे घर ऐसे आती है
कोई चिट्ठी रसाँ आए !
मुझे उनका गुमाँ आए

अकेली हूँ, बस इतनी-सी ख़बर दे जा रहा है
कोई आया है या कोई उतर के जा रहा है

ये मेरी ज़िन्दगी है ना
ये दस्तक दे के कहती है
बिना साहिल के बहती हो !
अकेली कैसी रहती हो

वहम है जो कोई दिल से गुज़र के जा रहा है
कोई आया है या कोई उतर के जा रहा है...

46 जहाँ तुम ले चलो

देखो तो आसमान तारों से भर गया
दिल ये क्या कर गया...

नब्ज़ रुकने लगी, साँस बजने लगे
तिरछे-तिरछे मेरे पाँव पड़ने लगे
जाने क्यूँ मैं डर गया
दिल ये क्या कर गया
देखो तो आसमान, तारों से भर गया

किसने आवाज़ दी
कोई साया था क्या ?
पीछे-पीछे मेरे
कोई आया था क्या ?
डूब के मैं तर गया
दिल ये क्या कर गया

देखो तो आसमान तारों से
भर गया
दिल ये क्या कर गया
दिल ये क्या कर गया

47 जहाँ तुम ले चलो

थक गई हो तो सुनो
मैं उठा लूँ जो कहो
इस उड़ान पे
इस ढलान के परे
मिल ही जाएँगे सिरे
आसमान के

चिकने-चिकने रास्ते
बिछे हैं दिल के वास्ते
गर फिसल भी जाओ तो
मैं खड़ा हूँ सामने।
गिरो तो जान के...
थक गई हो तो सुनो
मैं उठा लूँ जो कहो
इस उड़ान पे
इस ढलान के परे
मिल ही जाएँगे सिरे
आसमान के

एक मौक़ा दे कभी
कि गिरने से बचाऊँ मैं
मोच आए पाँव में,
क़दम-क़दम चलाऊँ मैं
ज़रा-सा ध्यान से...

थक गई हो तो सुनो
मैं उठा लूँ जो कहो
इस उड़ान पे
इस ढलान के परे
मिल ही जाएँगे सिरे
आसमान के

48 ख़ूबसूरत

बड़ी ताज़ा ख़बर है
तुम ख़ूबसूरत हो
ये बिखरी-सी लटे हैं ना
इन्हें चेहरे पे उड़ने दो
बहुत ख़ूबसूरत हो

ये रुख़सार पीले-से लगते हैं जो
उदासी की हल्दी है, हट जाएगी
तमन्ना की लाली में पकने दो इनको
कि पतझड़ की छाँव भी छट जाएगी

लबो पे ज़बाँ फेरो
इन्हें गीले रहने दो
बहुत ख़ूबसूरत हो...

वो चेहरे जो रोशन हैं लौ की तरह
उन्हें ढूँढ़ने की ज़रूरत नहीं
मेरी आँख में झाँककर देख लो
तुम्हें आईने की ज़रूरत नहीं

रूठी-सी ख़फ़ा-सी तुम
ज़रा तो मनाने दो,
बहुत ख़ूबसूरत हो...

49 ख़ूबसूरत

मैं अधूरी-सी एक उदासी हूँ
मैं ख़्वाब हूँ या, ख़्वाब की प्यासी हूँ

भूरे-भूरे बादलों के पीछे से
आए कभी मुझे उड़ाए
कोई पानी का गोला है
आँखों में घोला है
मैं अधूरी-सी एक उदासी हूँ...

ख़ुशबू-सी निकलती है तन से
जैसे कोई गुज़रे बदन से
आँखों का सपना है
बोले तो अपना है
मैं अधूरी-सी एक उदासी हूँ...

आसमाँ का कोना एक उठा के
चूमता है नींद से जगा के
जैसे कोई सपना है
वैसे तो अपना है
मैं अधूरी-सी एक उदासी हूँ
मैं ख़्वाब हूँ या, ख़्वाब की प्यासी हूँ...

50 दिल से

जिनके सर हो इश्क़ की छाँव
पाँव के नीचे जन्नत होगी
चल छैंया-छैंया छैंया...
सर इश्क़ की छाँव, चल छैंया, छैंया
पाँव जन्नत चले, चल छैंया, छैंया, छैंया
चल छैंया...

वो यार है जो ख़ुशबू की तरह
है जिसकी ज़ुबाँ उर्दू की तरह
मेरी शाम रात, मेरी कायनात
वो यार मेरा, सैंया-सैंया
चल छैंया...

गुलपोश कभी इतराए कहीं
महके तो नज़र आ जाए कहीं
तावीज़ बना के पहनूँ उसे
आयत की तरह मिल जाए कहीं

मेरा नग़मा वही, मेरी कलमा वही
वो यार मिसाले ओस चले
पाँव के तले फ़िरदोस चले
कभी डाल-डाल
कभी पात-पात
मैं हवा पे ढूँढ़ूँ उसके निशाँ

सिर इश्क की छाँव, चल छैंया-छैंया...
चल छैंया-छैंया...

मैं उसके रूप का शैदाई
वो धूप-छाँव-सा हरजाई
वो शोख़ है रंग बदलता है
मैं रंगरूप का सौदाई

जिनके सर हो इश्क़ की छाँव
पाँव के नीचे जन्नत होगी
तेरी शाम-रात मेरी कायनात
वो यार मेरा सैंया-सैंया
चल छैंया...
सर इश्क़ की छाँव, चल छैंया-छैंया
पाँव जन्नत चले, चल छैंया-छैंया
चल छैंया-छैंया...
वो यार है जो ख़ुशबू की तरह
वो जिसकी ज़ुबाँ उर्दू की तरह
मेरी शाम-रात, मेरी कायनात
चल छैंया...

51 दिल से

जिया जले जाँ जले
नैनों तले धुआँ चले...

रात-भर धुआँ चले
जानूँ न, जानूँ न सखी
जिया जले जाँ जले
नैनों तले धुआँ चले...

देखते हैं तन मेरा, मन में चुभती है नज़र
होंठ सिल जाते हैं, उनके नर्म होंठों से मगर
गिनती रहती हूँ मैं, अपनी करवटों के सिलसिले
क्या करूँ कैसे कहूँ
रात कब कैसे ढले
जिया जले जाँ जले, नैनों तले धुआँ चले...

अंग-अंग में जलती हैं, दर्द की चिंगारियाँ
मसले फूलों की महक में, तितलियों की क्यारियाँ
रात-भर वे पिस्ती हैं पैरों तले
क्या करूँ कैसे कहूँ
रात कब कैसे ढले
जिया जले जाँ जले
नैनों तले धुआँ चले...

52 दिल से

इक सूरज निकला था
कुछ पारा पिघला था
इक आँधी आई थी
जब दिल से आह निकली थी
दिल से...
दिल से रे...दिल से रे

दिल तो आख़िर दिल है ना
मीठी-सी मुश्किल है ना
दिल की रे...

दो पत्ते पतझड़ के,
पेड़ों से उतरे थे
फिर कितने मौसम गुज़रे
दो पत्ते वो बेचारे
फिर उगने की चाहत में
वो सेहराओं से गुज़रे
वो पत्ते दिल थे, दिल थे
वो दिल थे दिल थे रे...

दिल है तो दर्द भी होगा
दर्द है तो दिल भी होगा
मौसम गुज़रते रहते हैं
दिल से...दिल से...

दिल तो आख़िर दिल है ना
मीठी-सी मुश्किल है ना
दिल की रे...

इक बन्धन है रिश्तों में
काँटों की तारें हैं
पत्थर के दरवाज़े, दीवारें हैं
बेलें फिर भी उगती हैं
और गुंचे भी खिलते हैं
और चलते हैं अफ़साने
किरदार भी मिलते हैं
वो रिश्ते दिल के, दिल थे
वो दिल थे दिल थे

ग़म दिल के चुलबुले हैं
पानी के बुलबुले हैं
बुझते हैं बनते रहते हैं
दिल से...दिल से...दिल से रे
दिल तो आख़िर दिल है ना
मीठी-सी मुश्किल है ना
दिल की रे...

53 दिल से

ऐ अज़नबी तू भी कभी
आवाज़ दे कहीं से
मैं यहाँ, टुकड़ों में जी रहा हूँ
तू कहीं टुकड़ों में जी रही है
ऐ अज़नबी तू भी कभी
आवाज़ दे कहीं से
रोज़-रोज़ रेशम सी हवा
आते-जाते कहती है बता
वो जो दूध धुली, मासूम कली
वो है कहाँ-कहाँ
वो रोशनी कहाँ है
वो जानसी कहाँ है
मैं अधूरा, तू अधूरी जी रही है
ऐ अज़नबी...

तू तो नहीं है लेकिन, तेरी मुसकुराहटें हैं
चेहरा कहीं नहीं है, पर तेरी आहटें हैं
तू है कहाँ, कहाँ है, तेरा निशाँ कहाँ है,
मैं अधूरा, तू अधूरी जी रही है
ऐ अज़नबी...

54 दिल से

तू ही तू, तू ही तू, सतरंगी रे...
तू ही तू, तू ही तू, मनरंगी रे...
दिल का साया, हमसाया
सतरंगी रे, मनरंगी रे...
कोई नूर है तू, क्यों दूर है तू
जब पास है तू, एहसास है तू
कोई ख़्वाब है या, परछाईं है, सतरंगी रे...

इस बार बता, मुँहज़ोर हवा, ठहरेगी कहाँ
आँखों ने कुछ ऐसा छुआ
हल्का-हल्का उन्स हुआ
तू ही तू, जीने की सारी ख़ुशबू
तू ही तू, आरज़ू-आरज़ू
तेरे जिस्म की आँच को छूते ही
मेरे साँस सुलगने लगते हैं
मुझे इश्क़ दिलासे देता है
मेरे दर्द बिलखने लगते हैं
तू ही तू जीने की सारी ख़ुशबू
तू ही तू आरज़ू-आरज़ू

छूती है मुझे सरगोशी से
आँखों में घुली ख़ामोशी से
मैं फ़र्श पे सजदे करता हूँ
कुछ होश में कुछ बेहोशी से

दिल का साया हमसाया सतरंगी रे...
मनरंगी रे...
कोई नूर है तू क्यों दूर है तू
जब पास है तू एहसास है तू
कोई ख़्वाब है या परछाईं है—सतरंगी रे...

तेरी राहों में उलझा-उलझा हूँ
तेरी बाँहों में उलझा-उलझा हूँ
सुलझाने दे होश मुझे
तेरी चाहों में उलझा-उलझा हूँ
मेरा जीना जुनूँ, मेरा मरना जुनूँ
अब इसके सिवा नहीं कोई सुकूँ

मुझे मौत की गोद में सोने दे
तेरी रूह में जिस्म डुबोने दे
संतरंगी रे-मनरंगी रे-सतरंगी रे
मनरंगी रे...

55 सत्या

सपने में मिलती है
ओ कुड़ी मेरी, सपने में मिलती है...

सारा दिन घूँघटे में
बन्द पुड़िया-सी
अँखियों में खिलती है

सपने में मिलता है
ओ मुंडा मेरा, सपने में मिलता है

सारा दिन सड़कों पे
ख़ाली रिक्शे-सा
पीछे-पीछे चलता है

कोरी है करारी है
भून के उतारी है
कभी-कभी मिलती है
ओ कुड़ी मेरी...

ऊँचा लम्बा क़द है
चौड़ा भी तो हद है
दूर से दिखता है
ओ मुंडा मेरा...

देखने में तगड़ा है,
जंगल से पकड़ा है
सींग दिखाता है,
ओ मुंडा मेरा

पाजी है शरीर है,
ख़ून की लकीर है
चकरा के चलती है

कच्चे-पक्के बेरों से
चोरी के शे'रों से
दिल बहलाता है
ओ मुंडा मेरा...

गोरा चिट्टा रंग है
चाँद का पलंग है
चाँदनी में घुलती है
ओ कुड़ी मेरी...

दूध का उबाल है,
हँसे तो कमाल है
मोतियों में तुलती है
सपने में मिलती है...

नीमशरीफ़ों के
भैड़े लतीफ़ों के
किस्से सुनाता है
ओ मुंडा मेरा...

56 सत्या

गोली मार भेजे में, भेजा शोर करता है
भेजे की सुनेगा तो मरेगा कल्लू
तू करेगा, दूसरा भरेगा कल्लू,
कल्लू मामा...

नोंच-वोंच छोड़ भेजा काहे को खरोंचना
अपना काम माल हाथ आए तो दबोचना
मामा कल्लू मामा

अटका अटका, जो भी फटका झटका दे
अटका लटका, डाल मटका, सटका दे
वो मरेगा जो डरेगा कल्लू
भेजे की सुनेगा तो मरेगा कल्लू
मामा कल्लू मामा

रात खोली में, 'तीन बत्ती' पे गुज़ार दी
थोड़ी चढ़ गई तो तीन पत्ती ने उतार दी
खोपड़ी की झोपड़ी में फ़टका दे
आड़ फाड़ मार छाड़ कटका दे
जोकरों की नौकरी करेगा कल्लू
भेजे की सुनेगा तो मरेगा कल्लू
मामा कल्लू मामा

गोली मार भेजे में, भेजा शोर करता है
भेजे की सुनेगा तो मरेगा कल्लू
तू करेगा, दूसरा भरेगा कल्लू...

57 सत्या

तू मेरे पास भी है
तू मेरे साथ भी है
फिर भी तेरा इन्तज़ार है...

तेरे लिए सूरज उगाया है
तेरे लिए रस्ता बिछाया है
तेरे लिए मौसम मँगाया है
ये जहाँ एक बार है...

चलो चलें, चलते ही, चलते ही, चलते रहें
ख़ूब हँसे, हँसते ही, हँसते ही, हँसते रहें
दिल पे कहाँ इख़्तियार है...
तू मेरे पास भी है
तू मेरे साथ भी है
फिर भी तेरा इन्तज़ार है

58 सत्या

बादलों से काट-काट के,
काग़ज़ों पे नाम जोड़ना
ये मुझे क्या हो गया

डोरियों से बाँध-बाँध के,
रात-भर चाँद तोड़ना
ये मुझे क्या हो गया...

एक बार, तुमको जब, बरसते पानियों
के पार, देखा था
यूँ लगा था, जैसे गुनगुनाता, एक
आबशार, देखा था
तब से यूँ ही बरसती रहती हो
बोलती बहुत हो और हँसती रहती हो
जो तुझे जानता न हो
उससे तेरा नाम पूछना
ये मुझे क्या हो गया...

आया न करा खुले बदन, तुम गुलाबी साहिलों पे
नमक भरे, समुद्रों में इस तरह नहाया न करो
सारा दिन चाँदनी-सी छाई रहती है
और गुलाबी धूप बौखलाई रहती है

जामुनों की नर्म डाल पे,
नाखूनों से नाम खोदना
ये मुझे क्या हो गया...

59 सत्या

गीला-गीला पानी
पानी सुरीला पानी
हुम-हुम बरसे
आया है किसके घर से
आसमाँ छलका है
पानी-पानी...

आसमाँ भर गया, भर गया
शीशों पे बजती हैं बूँदें
चेहरे पे चलती हैं बूँदें

गीला पानी गुन-गुन करता पानी
कलसी में भरता पानी
पानी हुम-हुम बरसे
आया है किसके घर से पानी

रुक-रुक के चलता है ये दिल
मुज़रिम-सा लगता है ये दिल
होंठों ने चखा पानी
बूँदों में रखा पानी
पानी हुम-हुम बरसे
आया है किसके घर से

60 अक्स

भला बुरा, बुरा भला है
खोटे पर खरा पला है।

झूठ सच का क्या पता है
एक ग़म है इक बला है

चाल-ढाल, एक जैसी
सारा कुछ नपा तुला है

सच के सर धुआँ उठे तो
झूठ आग में जला है

भला बुरा, बुरा भला है
खोटे पर खरा पला है

काला है तो काला होगा
मौत का मसाला होगा

चूना कत्था ज़िंदगी
सुपारी जैसा छाला होगा

पाप ने जना नहीं तो
पापियों ने पाला होगा

थूक से निगल गया था
मुँह से निकाला होगा

वो जो अब कहीं नहीं है
उस पे भी यक़ीं नहीं है

रहता है फलक-वलक पे
उस का घर ज़मी नहीं हैं

अक्ल का ख़्याल है वो
शक्ल से हसीं नहीं है

पहले हर जगह पे था वो
सुना है अब कहीं नहीं है।

भला बुरा, बुरा भला है
खोटे पर खरा पला है।

61 अक्स

ये रात...ये रात
झल्ली सी छिपकली रात
ये रात
कौड़ीयाले कोबरे की रात
ये रात
ना उगली ही जाए, ना निगली ही जाए
ये काली ज़हरीली रात,

पल पल बल खाती
बल बल उलझती
पलकें झपकती, ये रात

सन्नाटे को सेज पे सोई
साँप सी सरकती रात
ये रात...ये रात

वीराना वीराना है वीराना
दिल को लाख बसाले ये दीवाना
उजड़े उजड़े रहते हैं दिल सारे,
वीरानों से बसता है वीराना

संटी से मारती है
फुँकारती है,
काली कौड़ीयाली रात,

ये रात...रात

आबी आबी रात बड़ी तेज़ाबी
गिर ना जाए हाथ से चाँद रकाबी,
डूब रहे हैं सारे कूल-किनारे
उमड़-उमड़ के रात आई सैलाबी

खौलते बदन पर,
बोलते बदन पर,
जलती उबलती रात
ये रात...ये रात

झल्ली सी छिपकली रात
कौड़ीयाले कोबरे की रात
ये रात...ये रात

62 अक्स

रात आती है, चली जाती है, हरजाई है,
फिर मेरे घर में दबे पाँव चली आई है
रात आती है, चली जाती है, हरजाई है

शाम होते ही जला देती है, पलकों पे दिए
रात से पूछे कोई, किसके लिए, किसके लिए

कोई आहट भी नहीं और कोई आता भी नहीं
रक्स करती है वो शब भर मेरी तन्हाई है
रात आती है, चली जाती है, हरजाई है,

रात से पूछो कोई इसकी कहानी होगी
ज़ख़्म भरते ही नहीं, चोट पुरानी होगी,

दर्द सीने में छुपा रक्खा है, शायद कोई
कोई ज़ेबर है, किसी ग़म का चुरा लाई है,

रात आती है, चली जाती है, हरजाई है

63 अवस

आजा गुफ़ाओं में आ
आजा गुफ़ाओं में आ

आजा गुनाह कर ले
आजा गुनाह कर ले

चेहरे पे चेहरा
चढ़ता है चेहरा
चेहरा बदलता है
चेहरा ही चलता है

चेहरा सियाह कर ले
चेहरा सियाह कर ले

आजा गुनाह कर ले
आजा गुनाह कर ले

साँसें उबलने दे
तारीकी बढ़ने दे
रूहें अँधेरों में
जलती हैं जलने दे

मुझसे निबाह कर ले
मुझसे निबाह कर ले

आजा गुनाह कर ले
आजा गुनाह कर ले

आजा गुफ़ाओं में आ
आजा गुफ़ाओं में आ

आजा गुनाह कर ले
आजा गुनाह कर ले

64 अक्स

बंदा ये बिन्दास है
रस पीने की प्यास है
बंदा ये बिन्दास है

भँवरा है भँवरा है ये
लोभी है होशियार है,
दो दो मुखौटे इसके
दो धारी तलवार है,
बंदा ये बिन्दास है

चंपा, चमेली, गेंदा—सब रास है
रस पीने की प्यास है,
बंदा ये बिन्दास है

क्या बुरा और क्या ख़राब है
सिर्फ़ जीने का हिसाब है
जादू है सर चढ़ेगा
और जो उतरेगी शराब है
बंदा ये बिन्दास है

चंदा, चमेली, गेंदा—सब रास है
रस पीने की प्यास है
बंदा ये बिन्दास है

65 अक्स

हम भूल गए हैं रख के कहीं
वो चीज़ जिसे दिल कहते थे,

उम्मीद भी अजनबी लगती है,
और दर्द पराया लगता है,
आईने में जिसको देखा था,
बिछड़ा हुआ साया लगता है

हम भूल गए हैं रख के कहीं
वो चीज़ जिसे दिल कहते थे

ना जाने कहाँ छोड़ आए हैं
वो शख़्स जिसे हम जानते थे
आहट भी सुनाई देती नहीं
परछाईं से हम पहचानते थे

हम भूल गए हैं रख के कहीं
वो चीज़ जिसे दिल कहते थे।

66 फ़िलहाल

वारी जावाँ—वारी जावाँ—वारी जावाँ
सौ सौ बार बारी, सौ सौ बारी वारी जावाँ

सोला सिंगार करके
गोदी भराई ले
सईयाँ-सईयाँ !
सईयाँ से खेली बहौत अब
छोटू को खिलाई ले !
सोला सिंगार करके
गोदी भराई ले...

वारी जावाँ—वारी जावाँ—वारी जावाँ
सौ सौ बार बारी, सौ सौ बारी वारी जावाँ

छोटू जो आवें घर में
छोटू जो आवें घर में
नानी बहलावें,
पायल पहन के नानी
नाच दिखावें !
छोटू जो आवें घर में
नानी बहलावें,
पायल पहन के नानी
नाच दिखावें !

वारी जावाँ–वारी जावाँ–वारी जावाँ
सौ सौ बार बारी, सौ सौ बारी वारी जावाँ

छोटू जो आवें घर में
छोटू जो आवें घर में
छोटू जो आवें घर में
मासी को बुलावें,
'नैपी' बदलके उनकी लोरी सुनावें
'नैपी' मासी की ?

छोटू जो आवें घर में
आवें उनके मामा,
मामा या चाचा ?
चाचा !
छोटू जो आवें घर में
आवें उनके मामा,
दाँतों से नाड़ा पकड़ें
हाथों से पजामा !
तेरी हँसी भर भर के
घर में छिड़कावें !

हो, सोला सिंगार करके
गोदी भराई ले
सोला सिंगार करके
गोदी भराई ले
सईयाँ-सईयाँ !
सईयाँ से खेली बहौत अब
छोटू को खिलाई ले !
सोला सिंगार करके
गोदी भराई ले

वारी जावाँ–वारी जावाँ–वारी जावाँ
सौ सौ बार बारी, सौ सौ बारी वारी जावाँ

67 फ़िलहाल

ले चलें डोलियों में तुम्हें
गर इरादा करो
उँगलियों में पहन लो ये रिश्ता
और वादा करो—

हुआ-हुआ-हुआ !
हुआ-हुआ-हुआ !

तेरी आँखों से छनती हुई
इस चमक की कसम
ये समंदर जो नमकीन है
इस नमक की कसम
चौक से चाँद पे लिख दिया है
नाम हमने तेरा—
रेवा-रेवा-रेवा-!
रेवा-रेवा-रेवा-!

ले चलें डोलियों में तुम्हें
गर इरादा करो
उँगलियों में पहन लो ये रिश्ता
और वादा करो...

दिल किसी पे तो आना ही था
दिल का क्या कीजिए

इस पड़ोसी•को जाना ही था
अब विदा कीजिए
तुम कहो तो तुम्हें सौंप दें
अब तो वादा करो

हुआ-हुआ-हुआ!
हुआ-हुआ-हुआ!

ले चलें डोलियों में तुम्हें
गर इरादा करो
उँगलियों में पहन लो ये रिश्ता
और वादा करो...

हुआ-हुआ-हुआ !
हुआ-हुआ-हुआ !

नया नया
धुआ धुला
आसमां खुला-

नया नया धुला धुला
आसमाँ खुला-
तुमने आँख खोली तो
ये जहाँ खुला !
तुमने आँख खोली तो-
ये जहाँ खुला !
नया नया...

आपके चेहरे पे क्यों
शहद जैसी धूप चढ़ने लग गई है-
आपकी आँखों में क्यों
नींद अपने सपने रखने लग गई है

मुस्कुरा के ज़िन्दगी ने
हैरान कर दिया-
हैरान कर दिया-!
नया नया धुला धुला
आसमाँ खुला-
तुमने आँख खोली तो-
ये जहाँ खुला !
नया नया-
मुस्कुराहट आपकी
लब पे रख के हमने आधी काट ली
आपने तो साँस भी
मेरे लब से आधी-आधी बाँट ली
गले लगा के ज़िन्दगी ने
हैरान कर दिया-
हैरान कर दिया-!

नया नया धुला धुला
आसमाँ खुला-
तुमने आँख खोली तो-
ये जहाँ खुला !
तुमने आँख खोली तो-
हाँ, ये जहाँ खुला !
नया नया धुला धुला
नया नया धुला धुला

68 फ़िलहाल

क्यों बार-बार—आँखों में तुम,
करवट लेते हो ?
ना सोते हो—ना मुझको तुम,
सोने देते हो।

कहाँ छुपे हो सीने में तुम
साँसें भारी रहती हैं—
नींद में हो या सपनों में
क्यों पलकें भारी रहती हैं—

क्यों बार बार—आँखों में तुम,
करवट लेते हो ?
ना सोते हो—ना मुझको तुम,
सोने देते हो।

सारे अंग तुम अपने रखना
आँख का रंग तो मेरा हो—
थोड़ी थोड़ी शाम की रंगत
हलका हलका सवेरा हों

क्यों बार-बार आँखों में तुम,
करवट लेते हो ?
ना सोते हो—ना मुझको तुम,
सोने देते हो।

69 फ़िलहाल

ऐ ज़िन्दगी—ये लम्हा जी लेने दे—
पहले से लिखा
कुछ भी नहीं
रोज़ नया कुछ
लिखती है तू
जो भी लिखा है दिल से जीया है—
ये लम्हा फ़िल्हाल जी लेने दे
ये लम्हा फ़िल्हाल जी लेने दे

मासूम सी हँसी बेवजह ही कभी
होंठों पे खिल जाती है
अनजान सी खुशी बहती हुई कभी
साहिल पे मिल जाती है
ये अनजाना डर, अजनबी है मगर
ख़ूबसूरत है—जी लेने दे—
ये लम्हा फ़िल्हाल जी लेने दे...

दिल ही में रहता है, आँखों में बहता है
कच्चा सा एक ख़्वाब है—
लगता सवाल है, शायद जवाब है
दिल फिर भी बेताब है—
ये सुकूँ है तो है—ये जुनूँ है तो है
ख़ूबसूरत है—जी लेने दे—
ये लम्हा फ़िल्हाल जी लेने दे...

पहले से लिखा
कुछ भी नहीं
रोज़ नया कुछ
लिखती है तू
जो भी लिखा है दिल से जीया है—
ये लम्हा फ़िल्हाल जी लेने दे
ये लम्हा फ़िल्हाल जी लेने दे

70 फ़िलहाल

दिल के सन्नाटे
खोल कभी
तन्हाई तू भी
बोल कभी !
तन्हाई तू भी
बोल कभी !

परछाइयाँ चुनता रहता है
क्यों रिश्ते बुनता रहता है
परछाइयाँ चुनता रहता है
क्यों रिश्ते बुनता रहता है
इन वादों के पीछे कोई नहीं
क्यों वादे सुनता रहता है—

दिल के सन्नाटे
खोल कभी
तन्हाई तू भी
बोल कभी !
तन्हाई तू भी
बोल कभी !

बुझ जाएँगी सारी आवाज़ें
यादें यादें रह जाएँगी
बुझ जाएँगी सारी आवाज़ें

यादें यादें रह जाएँगी
तस्वीरें बचेंगी आँखों में
और बातें सब बह जाएँगी !

दिल के सन्नाटे
खोल कभी
तन्हाई तू भी
बोल कभी !
तन्हाई तू भी
बोल कभी !

71 फ़िलहाल

वक़्त का साया किसने टाला है

वक़्त का साया
किसने टाला है
हो रहेगा—
जो होने वाला है !
जो होने वाला है !

वक़्त का साया किसने टाला है

दिल तो ये भी गुज़र जाएगा
पर ये लम्हा गुज़रता नहीं
आग ही आग ही आग है
फिर क्यों सूरज पिघलता नहीं
दाग़ धोने से जाते नहीं
दर्द रोने से घटता नहीं

वक़्त का साया किसने टाला है...

नींद में साँस लेते तो हैं
ख़्वाब जागें तो मर जाते हैं
बेबसी है बड़ी बेबसी
अपने साए से डर जाते हैं
कौन किससे शिकायत करे

जो लिखा है वो मिटता नहीं !

वक्त का साया किसने टाला है...
वक्त का साया किसने टाला है...

72 विसाल

खुशबू जैसे लोग मिले अफसाने में।
इक पुराना खत खोला अन्जाने में।।
शाम के साये बालिश्तों से नापे हैं।
चाँद ने कितनी देर लगा दी आने में।।
खुशबू जैसे लोग मिले अफसाने में।।
दिल पर दस्तक देने ये कौन आया है।
किस की आहट सुनता हूँ वीराने में।।
खुशबू जैसे लोग मिले अफसाने में।।
जाने किस का ज़िक्र है इक अफसाने में।
दर्द मज़े लेता है जो दोहराने में।।

73 विसाल

सहमा सहमा डरा सा रहता है।
जाने क्यों जी भरा सा रहता है।।
काई सी जम गई है आँखों पर।
सारा मन्ज़र हरा सा रहता है।।
इक पल देख लूँ तो उठता हूँ।।
जल गया सब जरा सा रहता है।।
इक में और कुछ नहीं होता।
आदमी बावरा सा रहता है।।

74 विसाल

मेरा क्या था तेरे हिसाब में, मेरा साँस साँस उधार था।
जो गुज़र गया वो तो वक्त था
जो बचा रहा वो गुबार था।।
तेरी आरज़ू में उड़े तो थे, चंद खुश्क पत्ते चनार के
जो हवा के दोष से गिर पड़ा
उन में एक दो खाक सार था।।
वो उदास उदासी की शाम थी, इक चेहरा था इक चराग था
और कुछ नहीं था ज़मीन पर, इक आसमाँ का गुबार था।।
बड़े सूफियों से खयाल थे
और बयान भी उसका कमाल था
कहा मैंने कब के वही था
वो इक शख्स था बादाखार था।।

75 विसाल

जब भी आँखों में अश्क भर आए
लोग कुछ डूबते नज़र आए।।
मुद्‌दतें हो गई सहर देखे
कोई आहट कोई खबर आए
चाँद जितने भी गुम हुए शब के
सब के इल्ज़ाम मेरे सर आए
मुझको अपना पता ठिकाना मिले
वो भी इक बार मेरे घर आए

76 विसाल

खुशबू गुनचे तलाश करती है
बीते रिश्ते तलाश करती है
जब गुज़रती है उस गली से सबा
खत के पुरज़े तलाश करती है
बीते रिश्ते तलाश करती है
अपने माझी की जूस्तजू में बहार
पीले पत्ते तलाश करती है
बीते रिश्ते तलाश करती है
इक उम्मीद बार बार आ कर
अपने टुकड़े तलाश करती है

77 विसाल

शाम से आज साँस भारी है
बेकरारी है बेकरारी है
आप के बाद हर घड़ी हम ने
आप के साथ ही गुज़ारी है
रात को दे दो चाँदनी रिदा
दिन की चादर अभी उतारी है
कल का हर वाकिया तुम्हारा था
आज की दास्तान हमारी है

78 विसाल

कोई अटका हुआ है पल शायद
वक्त में पड़ गया है बल शायद
आ रही है जो चाप कदमों की
खिल रहे हैं कहीं कँवल शायद
वक्त में पड़ गया है बल शायद
दिल अगर है तो दर्द भी होगा
इस का कोई नहीं है हल शायद
वक्त में पड़ गया है बल शायद
राख को भी कुरेद कर देखो
अभी जलता हो कोई पल शायद
वक्त में पड़ गया है बल शायद

79 विसाल

हम तो कितनों को महज़बीं कहते
आप हैं इस लिए नहीं कहते
चाँद होता न आसमाँ पे अगर
हम किसे आप सा हसीन कहते
आप हैं इस लिए नहीं कहते
आपने औरों से कहा सब कुछ
हम से कुछ तो कभी कहीं कहते
आप हैं इस लिए नहीं कहते
रात देखा था जाते जाते उन्हें
चाँद को अपना जा नशीं कहते

80 अशोक

ओ रे कांची
ओ रे कांची काँच की गुड़िया
होंठों में बाँधे प्रेम की पुड़िया
न उसे खोले न मुँह से बोले
पलकों पे रखके आँखों से तोले

ओ रे कांची, ओ रे कांची

सुनियो-सुनियो मिसरी से मीठी
आँखों में बंद है बात रसीली
न उसे खोले न मुँह से बोले
पलकों पे रखके आँखों से तोले

पहाड़ी पार चलना है तो पर्वत हटा दो
घटाओं में कहीं छुपना है तो सावन बुला दो
महुआ-महुआ, महका-महका
महका-महका, महुआ महुआ

कोई उड़ता हुआ पंछी बता देगा ठिकाना
जहाँ से दिन निकलता है उसी टीले पे आना
महुआ महुआ महका-महका
महका महका महुआ महुआ
ओ रे कांची

तेरा कोई परिचय हो, तो ऐ सुंदरी बता दे
बड़ी मीठी तेरी मुस्कान है मुंदरी बना दे
महुआ-महुआ, महका महका
महका-महका, महुआ-महुआ
है परदेसी मुझे भूल जाएगा कहीं पे
दे वचन मैं पहन लूँ उसे गहना समझ के
महुआ-महुआ, महका-महका
महका-महका, महुआ-महुआ
ओ रे कांची

●●●